D1502991

Chericián, David
  Trabalenguas / David Chericián ; ilustraciones Henry Javier
González. -- Dirección editorial Alberto Ramírez Santos. -- Santafé
de Bogotá : Panamericana Editorial, 1997.
  48 p. : il. ; 23 cm. -- (Colección que pase el tren)
  ISBN 958-30-0417-0

  1. Trabalenguas I. González, Henry Javier, il. II. Ramírez Santos,
Alberto, ed. III. Tít. IV. Serie
I793.73 cd 19 ed.
AFZ9401

                            CEP-Biblioteca Luis-Angel Arango

Trabalenguas

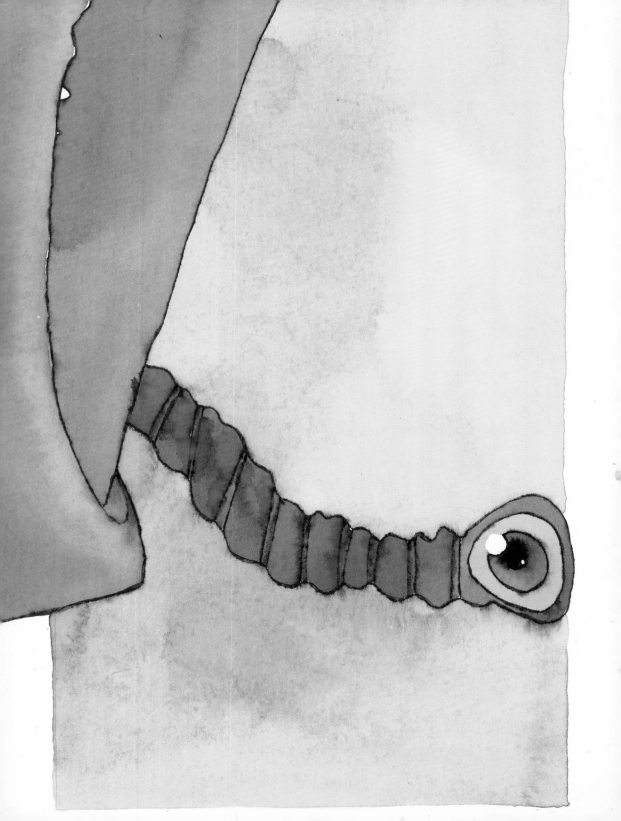

Trabalenguas

David Chericián

Ilustraciones
Henry González

PANAMERICANA
EDITORIAL

Editor
Panamericana Editorial Ltda.

Dirección editorial
Alberto Ramírez Santos

Autoedición y diseño
Yenny Marcela Padilla

Diseño de carátula
Carmen Elisa Acosta

Ilustraciones interiores y de carátula
Henry Javier González Torres

Primera edición en Panamericana Editorial Ltda., agosto de 1997
Segunda edición, mayo de 1999

© 1999 David Chericián
© 1999 Panamericana Editorial Ltda.
Calle 12 No. 34-20, Tels.: 3603077 - 2770100
Fax: (57 1) 2373805
E-mail: panaedit@andinet.com
www.panamericanaeditorial.com.co
Santafé de Bogotá, D. C., Colombia

ISBN: 958-30-0417-0
ISBN de la colección: 958-30-0416-2

Impreso por Panamericana Formas e Impresos S. A.
Calle 65 No. 94-72, Tels.: 4302110 - 4300355, Fax: (57 1) 2763008
Quien sólo actúa como impresor.

Impreso en Colombia   Printed in Colombia

Primera edición en Panamericana Editorial Ltda., agosto de 1997
Segunda edición, junio de 1999

LÚDICRO
PRÓLOGO
LÓGICO

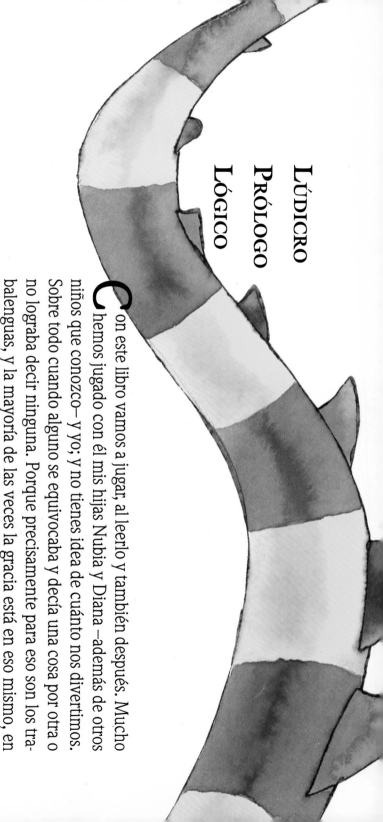

Con este libro vamos a jugar, al leerlo y también después. Mucho hemos jugado con él mis hijas Nubia y Diana –además de otros niños que conozco– y yo; y no tienes idea de cuánto nos divertimos. Sobre todo cuando alguno se equivocaba y decía una cosa por otra o no lograba decir ninguna. Porque precisamente para eso son los trabalenguas, y la mayoría de las veces la gracia está en eso mismo, en equivocarse, pues no siempre se logra decirlos bien de la primera vez, y así todos se ríen, incluso el que se equivoca. ¡Ah!, pero qué gusto cuando uno lo dice como es.

No creo que la mayoría de ellos sean difíciles. Al contrario. Quise que su objetivo no fuera sólo trabar la lengua para hacer reír –aunque eso también se vale– sino escribir mínimos poemas, a veces simples divertimentos, que incluyeran esa traviesa dificultad.

En algunos casos el verdadero trabalenguas es nada más que una parte —el principio o el final— pero la otra es necesaria para que todo tenga sentido y no sea un montón de sonidos más o menos difíciles que nada dicen, como ocurre en muchos que andan por ahí. Aunque puede haber palabras que no entiendas y tendrás que preguntarlas o buscarlas en el diccionario. Sólo en una ocasión inventé una porque casi vino ella sola espontáneamente y me pareció graciosa. Pero en ese mismo poemita —como en otros— creo enseñarte algo que ya descubrirás tú solo cuando llegues a él. También el penúltimo es un juego de palabras entrelazadas que inventé hace tiempo y se me había traspapelado, y hay otro —uno que está de pie— que puedes leer tanto al derecho como al revés; pero todos los demás son como te he dicho.

De que podía hacer este "juguete" me di cuenta, casi sin dármela, al releer unos poemas de dos libros anteriores en los que el juego nació junto con la idea y es casi imposible separarlos. Uno de ellos está en *Cuba de cabo a punta* —que no se ha publicado todavía aunque hace mucho que lo escribí y hallarás su título aquí —el que está de pie— mezclado con los demás trabalenguas:

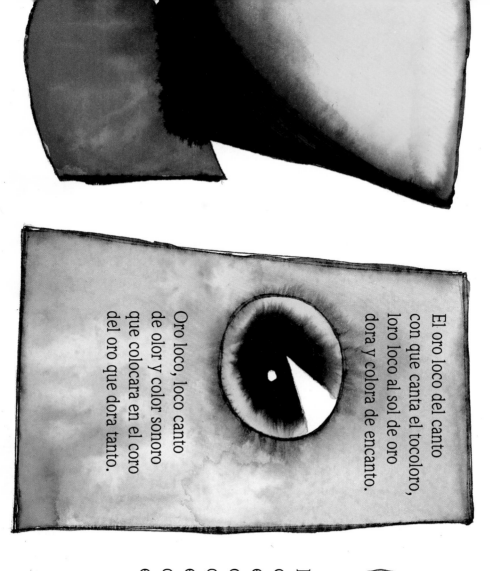

El oro loco del canto
con que canta el tocoloro,
loro loco al sol de oro
dora y colora de encanto.

Oro loco, loco canto
de olor y color sonoro
que colocara en el coro
del oro que dora tanto.

Luz, corolario del canto,
coloca el color del oro
en su canto, loco coro,
olor local del encanto
del oro que adora tanto
el calor loco y canoro
del canto del tocoloro:
el oro loco del canto.

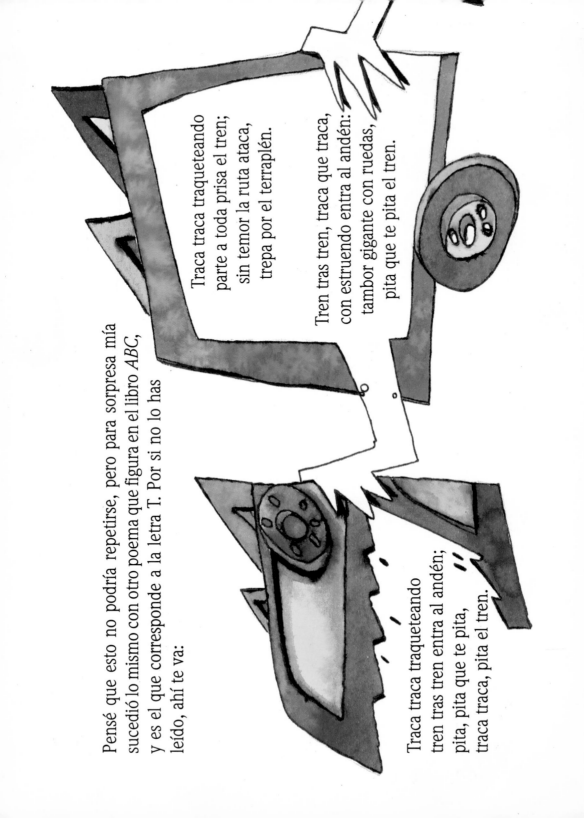

Pensé que esto no podría repetirse, pero para sorpresa mía sucedió lo mismo con otro poema que figura en el libro *ABC*, y es el que corresponde a la letra T. Por si no lo has leído, ahí te va:

Traca traca traqueteando
parte a toda prisa el tren;
sin temor la ruta ataca,
trepa por el terraplén.

Tren tras tren, traca que traca,
con estruendo entra al andén:
tambor gigante con ruedas,
pita que te pita el tren.

Traca traca traqueteando
tren tras tren entra al andén;
pita, pita que te pita,
traca traca, pita el tren.

Aquí el propósito era repetir muchas veces, todas las que fuera posible, la letra T, pero un juego trajo al otro casi sin querer, y ese otro trajo el que hoy se junta para ti en este libro, con el que espero que te diviertas todo cuanto tú mereces.

Y ahora ¡qué noticia! Uno de ellos no me pertenece: lo hicieron ellas solitas, mientras jugábamos un día, mis hijas Nubia y Diana. ¿Qué te parece? ¿No podrías tú hacer o tratar de hacer lo mismo? Con él empieza el libro –y con él termina, aunque una de las veces vuelto por mí al revés.

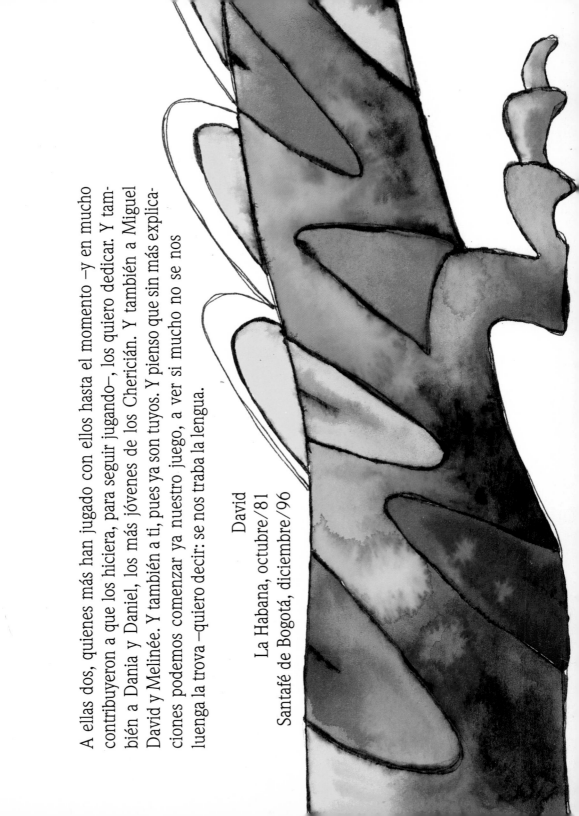

A ellas dos, quienes más han jugado con ellos hasta el momento –y en mucho contribuyeron a que los hiciera, para seguir jugando–, los quiero dedicar. Y también a Dania y Daniel, los más jóvenes de los Cherician. Y también a Miguel David y Melinée. Y también a ti, pues ya son tuyos. Y pienso que sin más explicaciones podemos comenzar ya nuestro juego, a ver si mucho no se nos luenga la trova –quiero decir: se nos traba la lengua.

David

La Habana, octubre/81
Santafé de Bogotá, diciembre/96

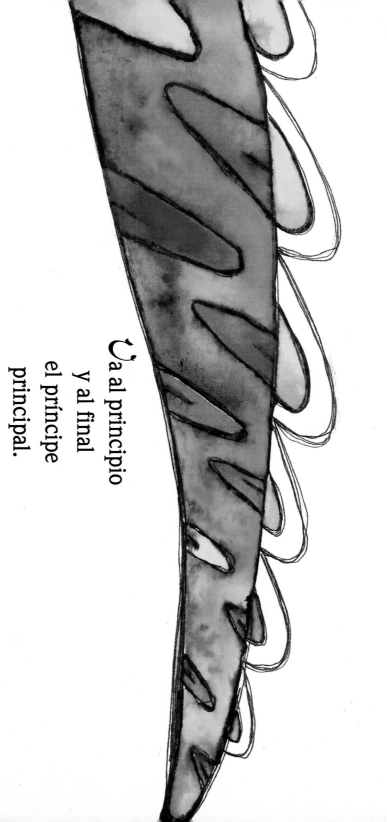

Va al principio
y al final
el príncipe
principal.

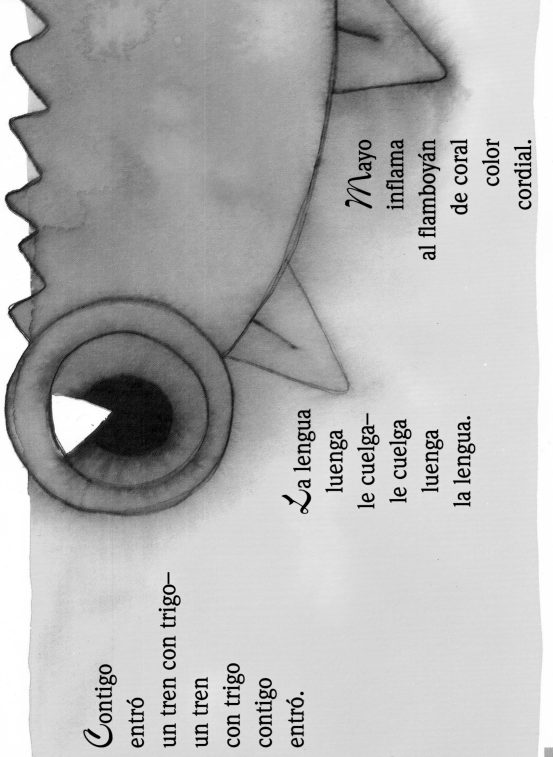

Contigo
entró
un tren con trigo—
un tren
con trigo
contigo
entró.

La lengua
luenga
le cuelga—
le cuelga
luenga
la lengua.

Mayo
inflama
al flamboyán
de coral
color
cordial.

14

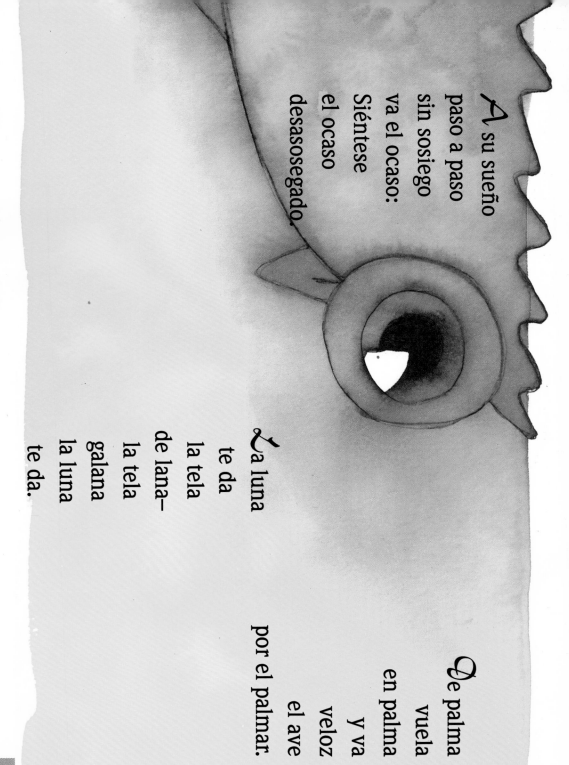

A su sueño
paso a paso
sin sosiego
va el ocaso:
Siéntese
el ocaso
desasosegado.

De palma
vuela
en palma
y va
veloz
el ave
por el palmar.

La luna
te da
la tela
de lana–
la tela
galana
la luna
te da.

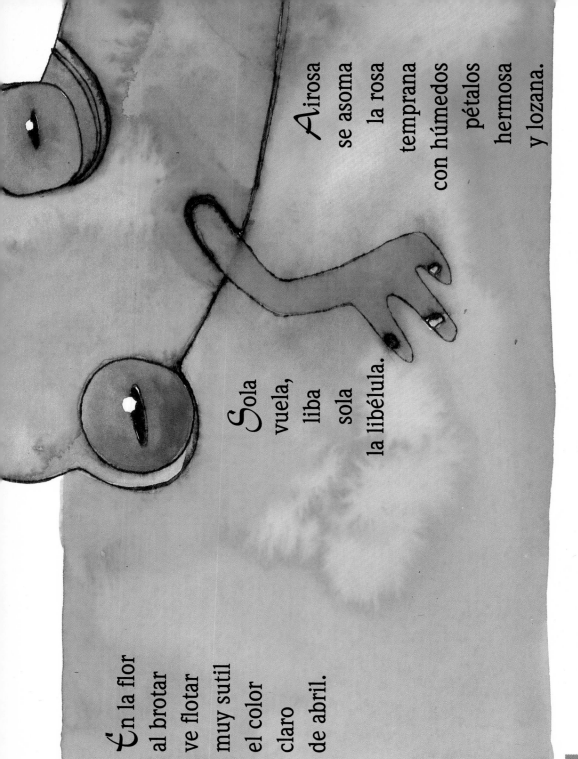

Airosa
se asoma
la rosa
temprana
con húmedos
pétalos
hermosa
y lozana.

Sola
vuela,
liba
sola
la libélula.

En la flor
al brotar
ve flotar
muy sutil
el color
claro
de abril.

La roca
en la costa
acostada
es almohada
de piedra
horadada.

Vibra
el hombre
en fruto
y flor
a la lumbre
y a la sombra
del amor.

Al doble
es dable
doblar
la habilidad
de lo débil,
la débil
habilidad.

17

La verdad
de la beldad
es la beldad
de la verdad.

Orla
al héroe
la aureola
de laurel.

Siempre
el arma
al brazo
con el alma
al paso:
el arma
del brazo
del alma
del paso.

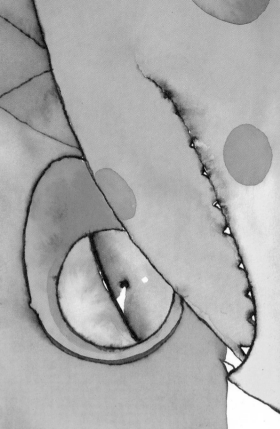

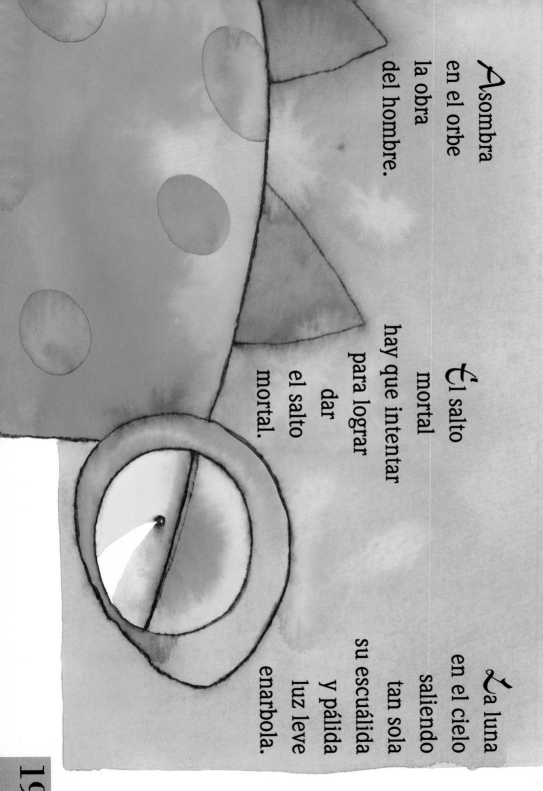

Asombra
en el orbe
la obra
del hombre.

El salto
mortal
hay que intentar
para lograr
dar
el salto
mortal.

¿La luna
en el cielo
saliendo
tan sola
su escuálida
y pálida
luz leve
enarbola.

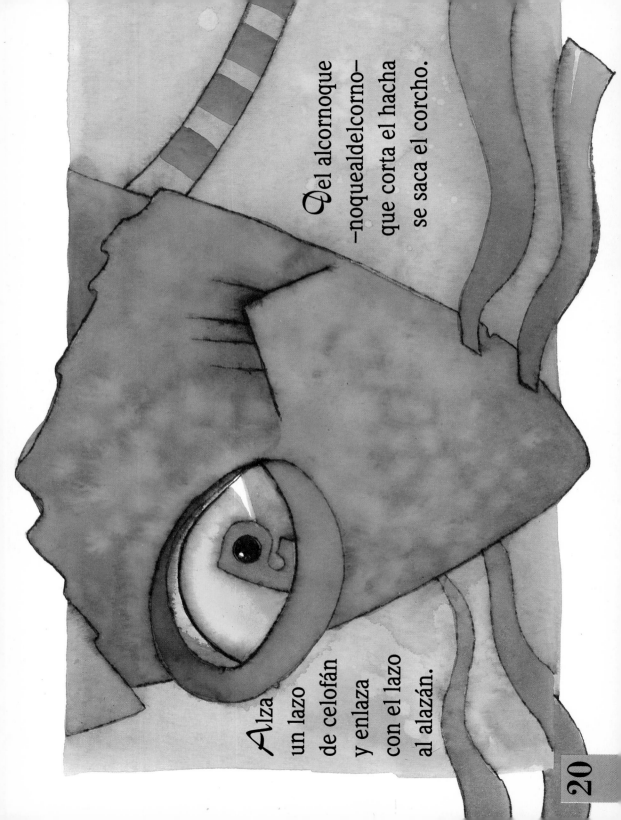

Del alcornoque
—noquealdelcorno—
que corta el hacha
se saca el corcho.

Alza
un lazo
de celofán
y enlaza
con el lazo
al alazán.

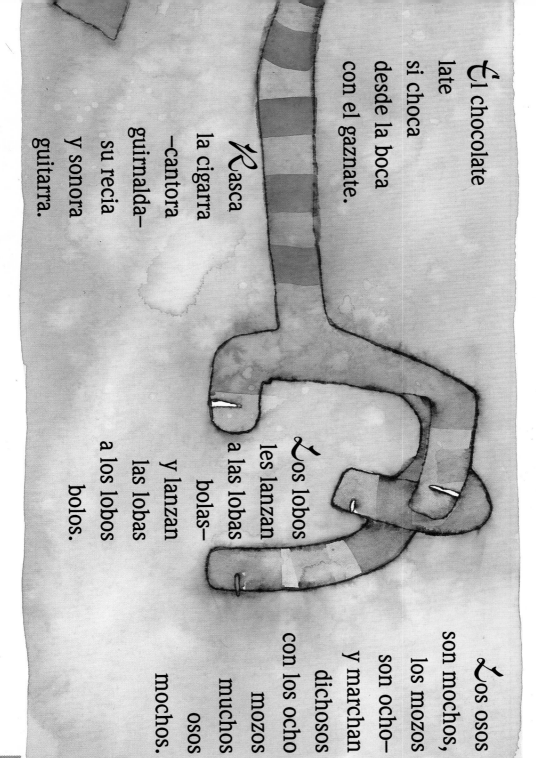

El chocolate
late
si choca
desde la boca
con el gaznate.

Rasca
la cigarra
—cantora
guirnalda—
su recia
y sonora
guitarra.

Los lobos
les lanzan
a las lobas
bolas—
y lanzan
las lobas
a los lobos
bolos.

Los osos
son mochos,
los mozos
son ocho—
y marchan
dichosos
con los ocho
mozos
muchos
osos
mochos.

Ensoñadas
van las alas
de las hadas
a las alas
de las hadas
enlazadas.

Si sucede
que se cede
y se concede
una vez,
sucede
que se concede
y se cede
siempre
después.

La hoja
de jade
no deja
de bajar
del gajo
y la hoja
de jade
al dejar
el gajo
no deja
de jugar.

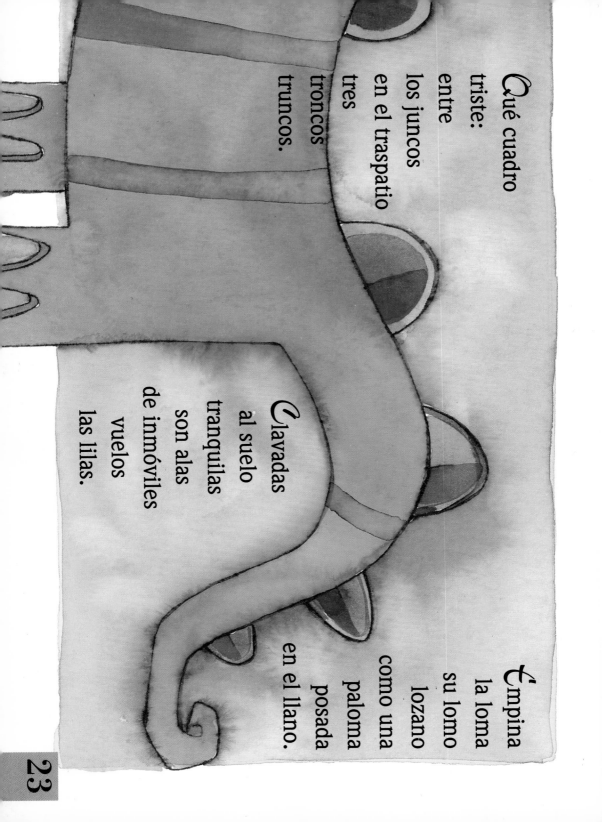

Qué cuadro
triste:
entre
los juncos
en el traspatio
tres
troncos
truncos.

Empina
la loma
su lomo
lozano
como una
paloma
posada
en el llano.

Clavadas
al suelo
tranquilas
son alas
de inmóviles
vuelos
las lilas.

23

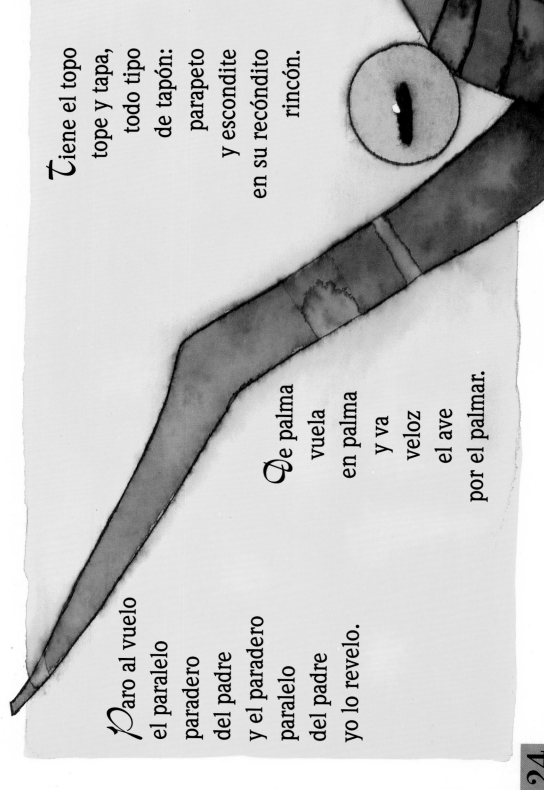

Tiene el topo
tope y tapa,
todo tipo
de tapón:
parapeto
y escondite
en su recóndito
rincón.

De palma
vuela
en palma
y va
veloz
el ave
por el palmar.

Paro al vuelo
el paralelo
paradero
del padre
y el paradero
paralelo
del padre
yo lo revelo.

24

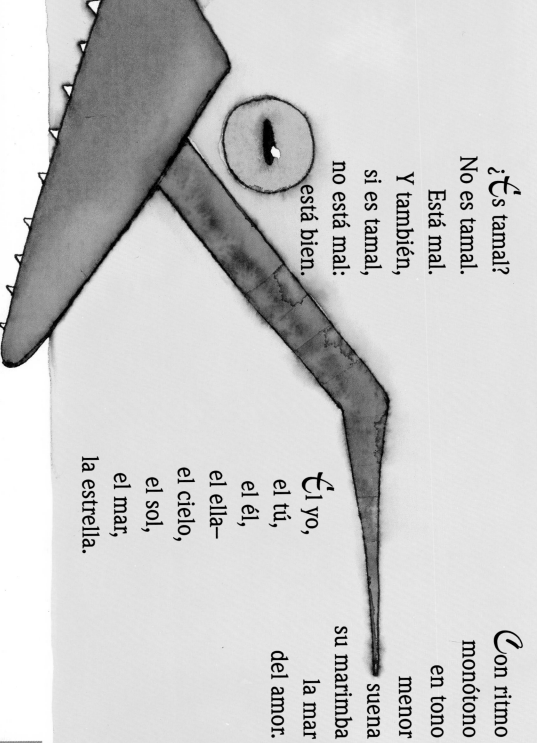

¿Es tamal?
No es tamal.
　　Está mal.
Y también,
si es tamal,
no está mal:
　　está bien.

Con ritmo
monótono
en tono
menor
suena
su marimba
la mar
del amor.

Él yo,
el tú,
el él,
el ella–
el cielo,
el sol,
el mar,
la estrella.

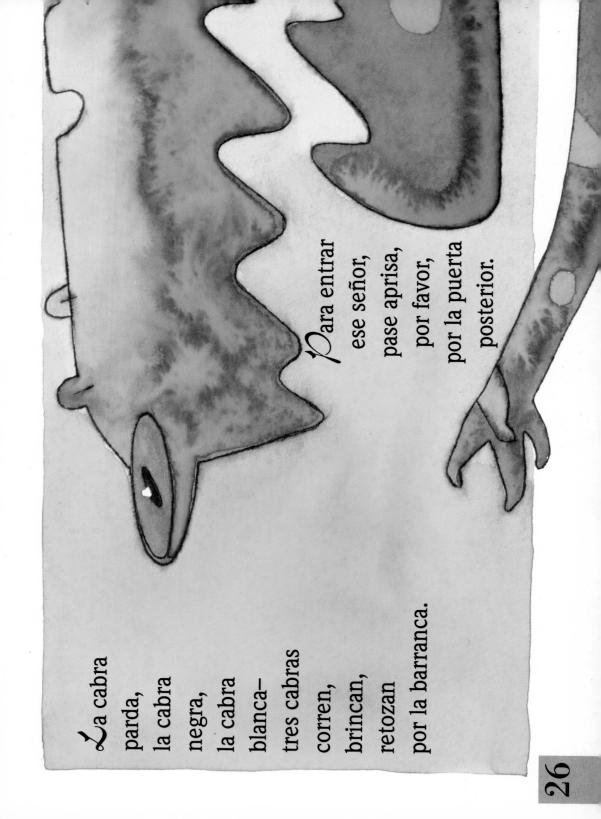

La cabra
parda,
la cabra
negra,
la cabra
blanca—
tres cabras
corren,
brincan,
retozan
por la barranca.

Para entrar
ese señor,
pase aprisa,
por favor,
por la puerta
posterior.

26

Vuelan
en las levas
las velas
veladas
y desvelan
velas
las levas
que lavan
en las manivelas
las leves
baladas.

A una paloma
sin palomar
húmedo abrigo
le brinda el mar.

Asar,
hacer,
asir,
azor,
azur:
¡azar!

Las olas
del mar
de jade
y añil
usan blusas
de azul
y verde
dril.

La media
vuelta,
la vuelta
entera,
la vuelta
y media,
la doble
vuelta—
vuelta
y revuelta
con tanta
vuelta.

28

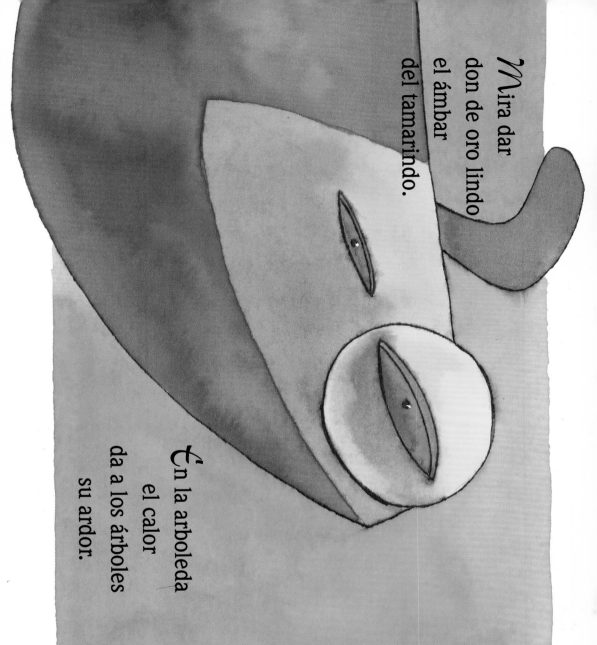

Mira dar
don de oro lindo
el ámbar
del tamarindo.

En la arboleda
el calor
da a los árboles
su ardor.

Al suelo
lo colman
de luz
matinal
las pálidas
albas
del cielo
otoñal.

29

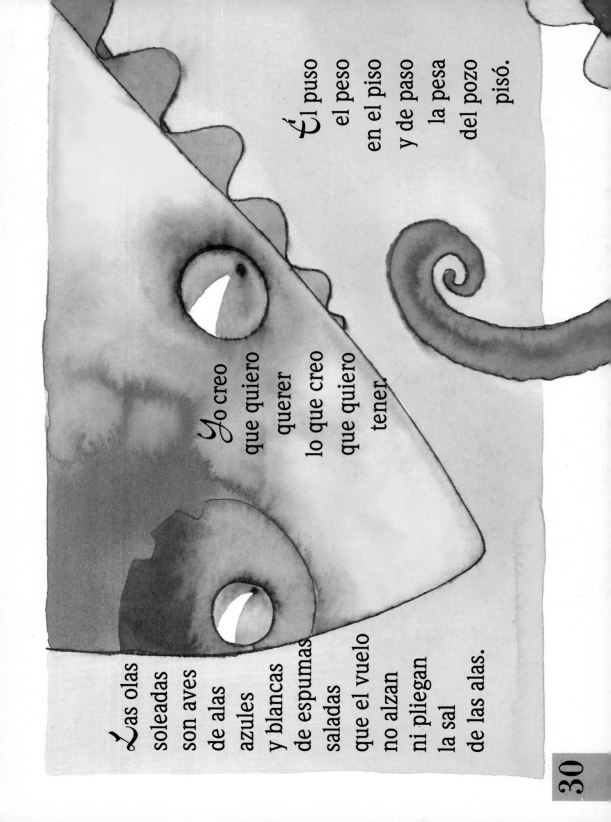

Él puso
el peso
en el piso
y de paso
la pesa
del pozo
pisó.

Yo creo
que quiero
querer
lo que creo
que quiero
tener.

Las olas
soleadas
son aves
de alas
azules
y blancas
de espumas
saladas
que el vuelo
no alzan
ni pliegan
la sal
de las alas.

La luna
se eleva,
se lleva
la luz
y clava
su sello,
velado
destello
al cielo
de tul.

Nombra
el nombre,
grita
el grito,
truena
el trueno,
trina
el trino.

La ola
tremola
en la orilla,
la arena
enmaraña
la espuma
que brilla:
yo miro
la arena,
la espuma
y la ola
de tal maravilla.

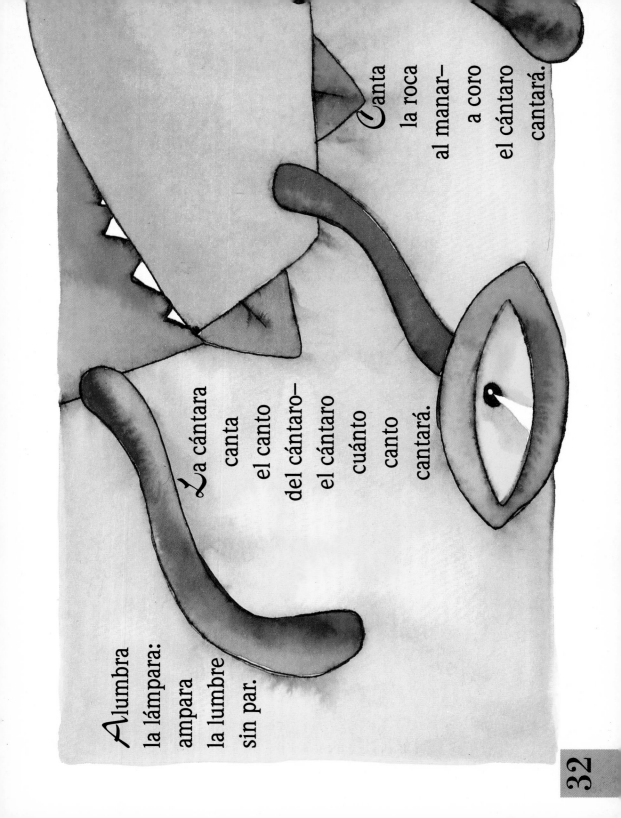

Alumbra
la lámpara:
ampara
la lumbre
sin par.

La cántara
canta
el canto
del cántaro—
el cántaro
cuánto
canto
cantará.

Canta
la roca
al manar—
a coro
el cántaro
cantará.

Papá tapa la papa,
la papa tapa ya,
papá la papa tapa,
tapa la papa papá.

Cacarajícara,
jicaracáscara,
cáscarapícara,
pícaramáscara,
máscarapícara,
pícaracáscara,
cacarajícara.

Yo lo coloco
y ella lo quita.
Ella lo quita
y no lo coloca.
Yo lo coloco
y no lo quito.
Ella lo quita
y yo lo coloco.

¿Qué son
esas
cosas,
quesos?
Quesos
esas
cosas
son.

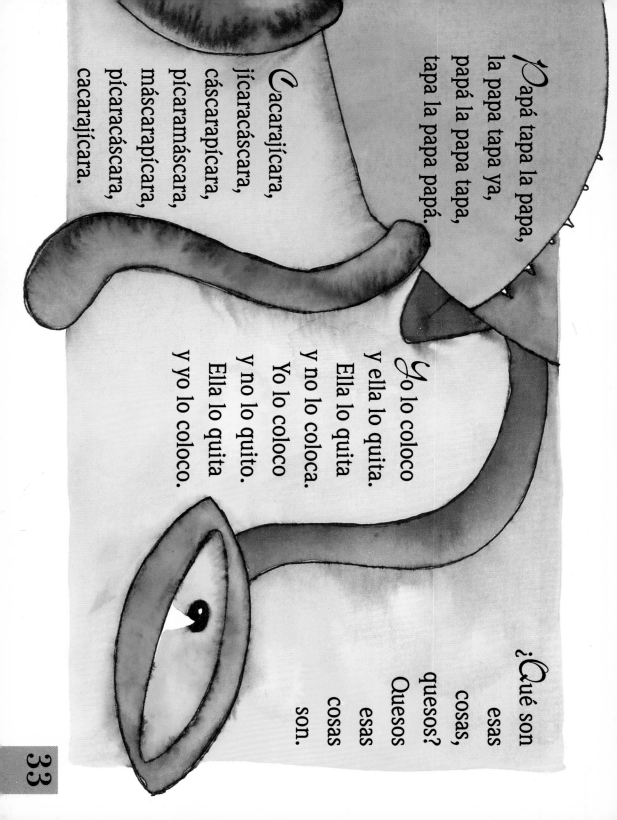

33

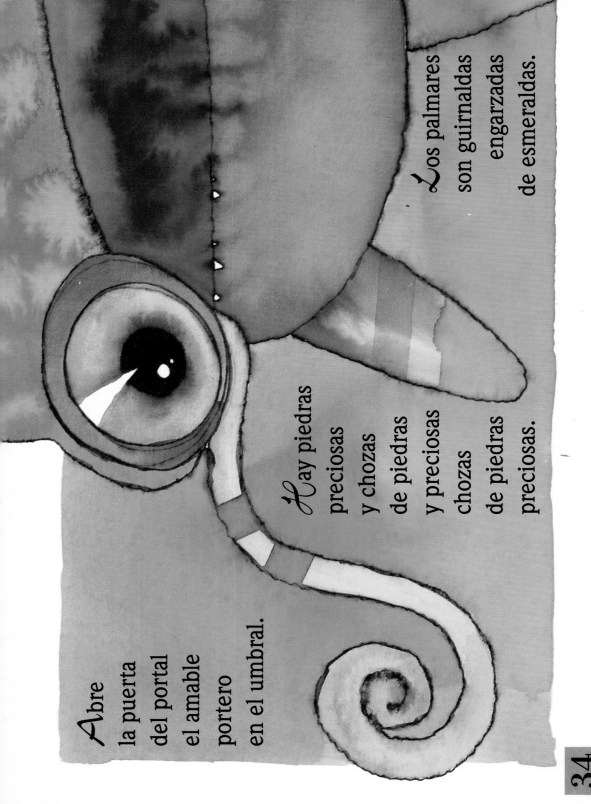

Los palmares
son guirnaldas
engarzadas
de esmeraldas.

Hay piedras
preciosas
y chozas
de piedras
y preciosas
chozas
de piedras
preciosas.

Abre
la puerta
del portal
el amable
portero
en el umbral.

34

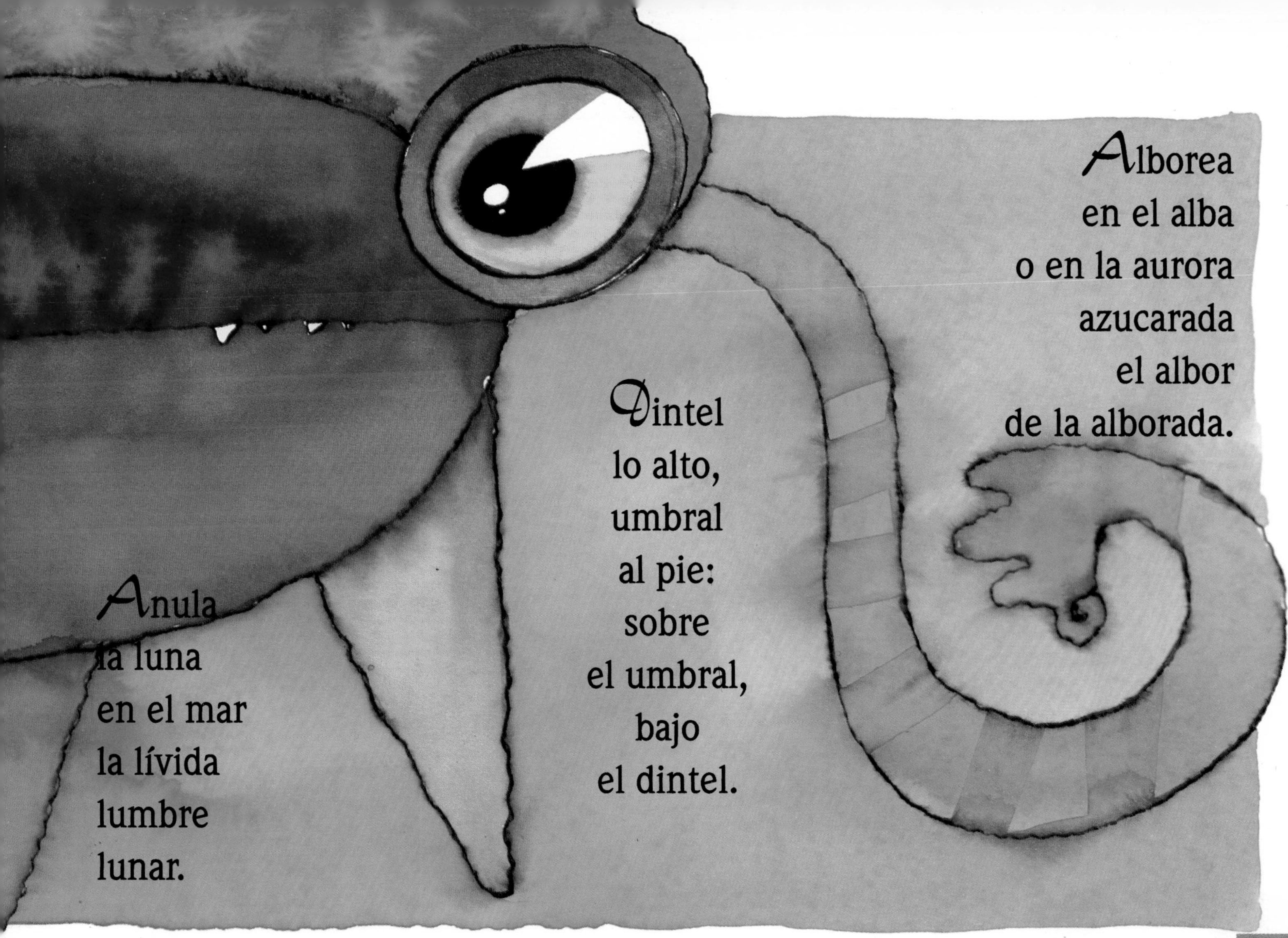

Anula
la luna
en el mar
la lívida
lumbre
lunar.

Dintel
lo alto,
umbral
al pie:
sobre
el umbral,
bajo
el dintel.

Alborea
en el alba
o en la aurora
azucarada
el albor
de la alborada.

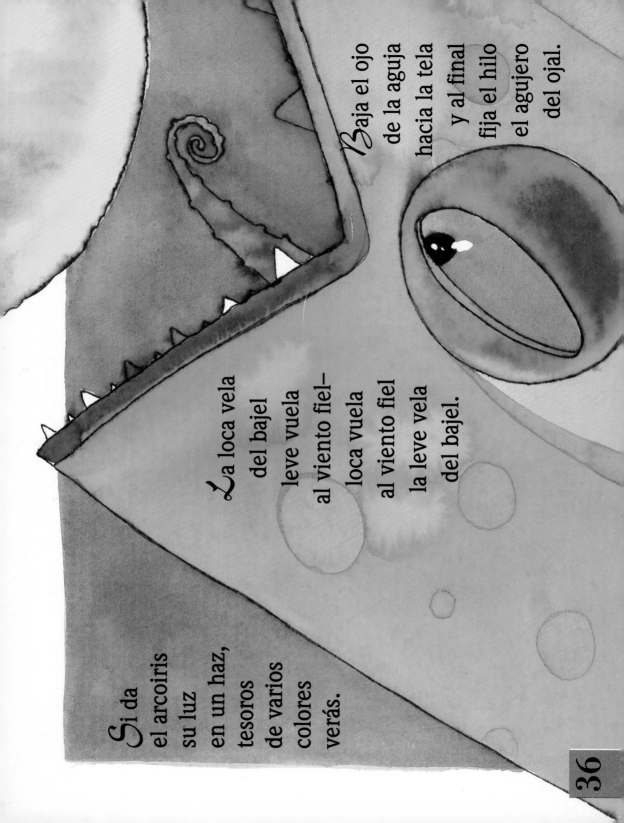

Baja el ojo
de la aguja
hacia la tela
y al final
fija el hilo
el agujero
del ojal.

La loca vela
del bajel
leve vuela
al viento fiel—
loca vuela
al viento fiel
la leve vela
del bajel.

Si da
el arcoiris
su luz
en un haz,
tesoros
de varios
colores
verás.

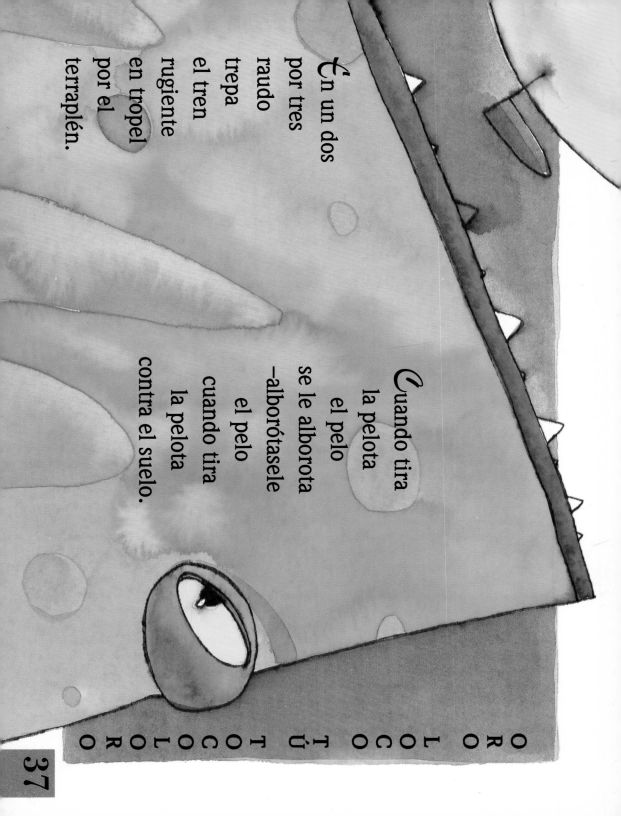

En un dos
por tres
raudo
trepa
el tren
rugiente
en tropel
por el
terraplén.

Cuando tira
la pelota
el pelo
se le alborota
—alborótasele
el pelo
cuando tira
la pelota
contra el suelo.

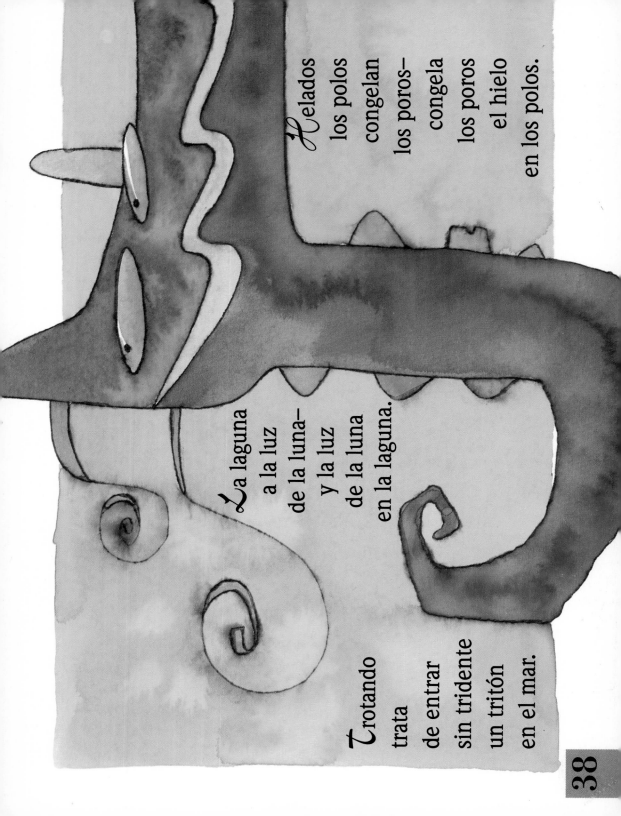

Helados
los polos
congelan
los poros—
congela
los poros
el hielo
en los polos.

La laguna
a la luz
de la luna—
y la luz
de la luna
en la laguna.

Trotando
trata
de entrar
sin tridente
un tritón
en el mar.

38

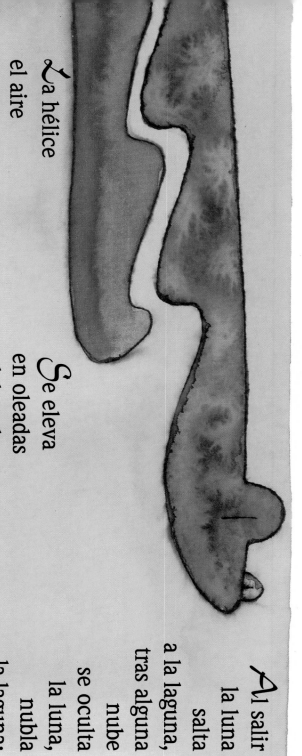

Al salir
la luna
salta
a la laguna,
tras alguna
nube
se oculta
la luna,
nubla
la laguna:
se burla
la luna
de la piel
del agua
de la fiel
laguna.

Se eleva
en oleadas
del suelo
el agua
a las nubes
en vuelo.

La hélice
el aire
que aspira
a pasar,
desliza
fugaz
y veloz
hacia atrás.

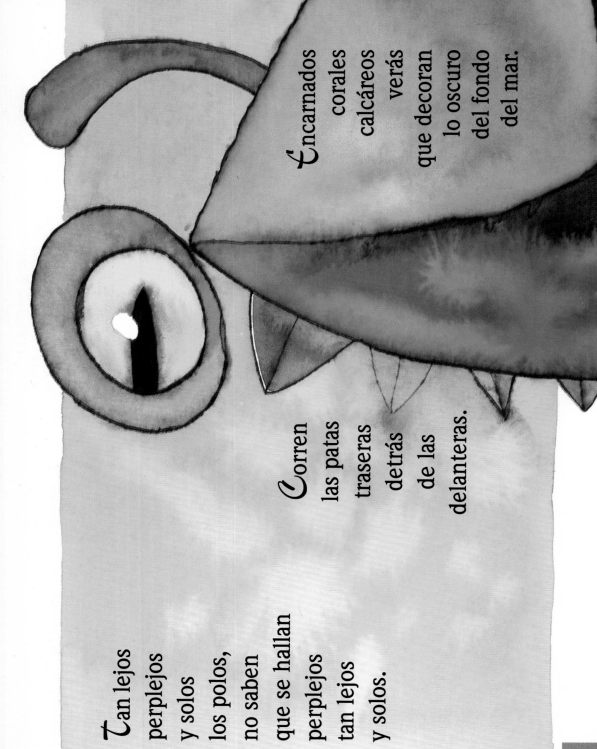

Tan lejos
perplejos
y solos
los polos,
no saben
que se hallan
perplejos
tan lejos
y solos.

Corren
las patas
traseras
detrás
de las
delanteras.

Encarnados
corales
calcáreos
verás
que decoran
lo oscuro
del fondo
del mar.

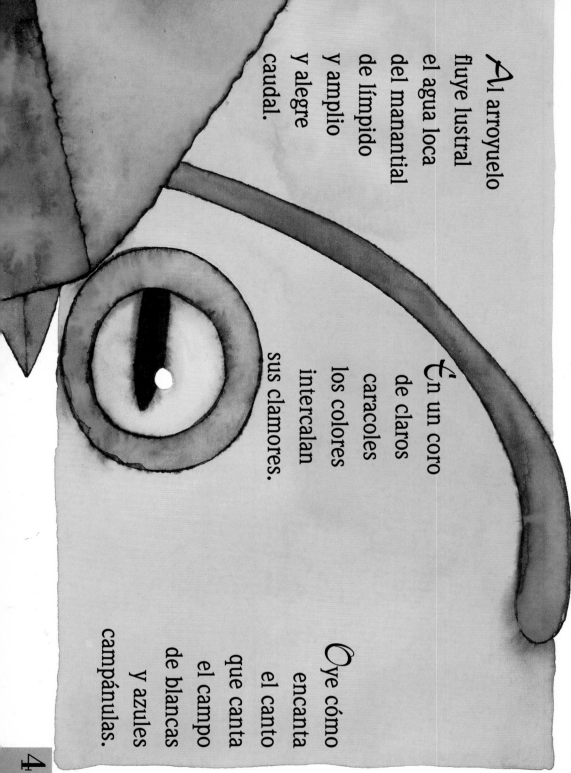

Al arroyuelo
fluye lustral
el agua loca
del manantial
de límpido
y amplio
y alegre
caudal.

En un coro
de claros
caracoles
los colores
intercalan
sus clamores.

Oye cómo
encanta
el canto
que canta
el campo
de blancas
y azules
campánulas.

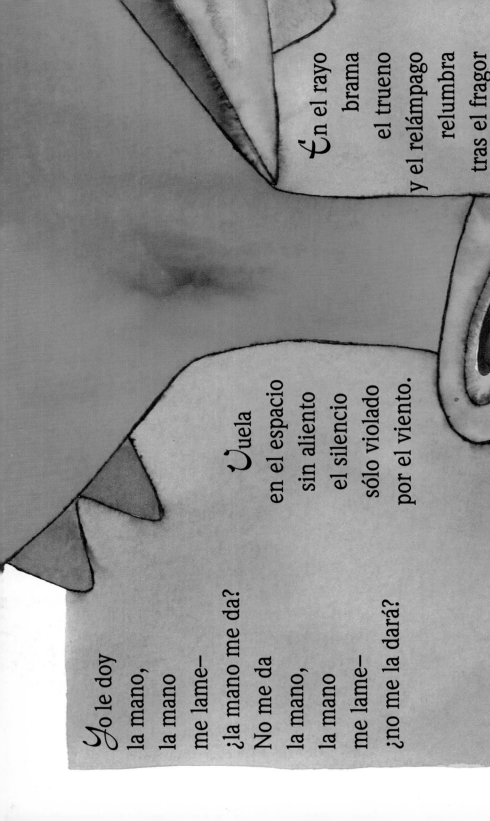

En el rayo
brama
el trueno
y el relámpago
relumbra
tras el fragor
del estruendo.

Vuela
en el espacio
sin aliento
el silencio
sólo violado
por el viento.

Yo le doy
la mano,
la mano
—me lame—
¿la mano me da?
No me da
la mano,
la mano
—me lame—
¿no me la dará?

42

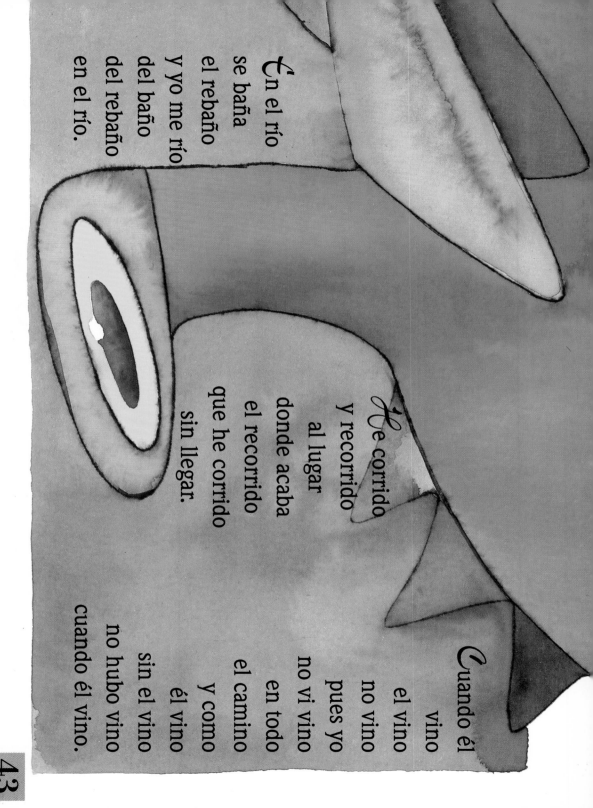

Cuando él
vino
el vino
no vino
pues yo
no vi vino
en todo
el camino
y como
él vino
sin el vino
no hubo vino
cuando él vino.

He corrido
y recorrido
al lugar
donde acaba
el recorrido
que he corrido
sin llegar.

En el río
se baña
el rebaño
y yo me río
del baño
del rebaño
en el río.

43

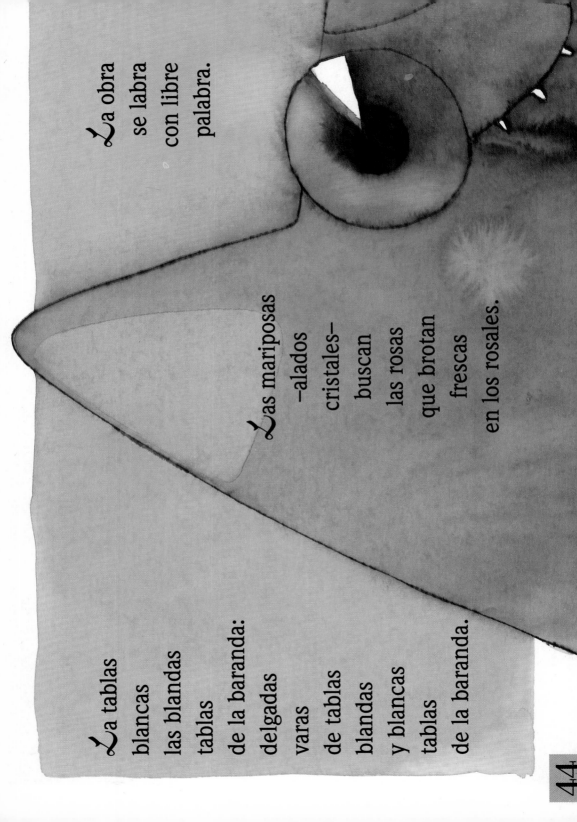

La obra
se labra
con libre
palabra.

Las mariposas
–alados
cristales–
buscan
las rosas
que brotan
frescas
en los rosales.

Las tablas
blancas
las blandas
tablas
de la baranda:
delgadas
varas
de tablas
blandas
y blancas
tablas
de la baranda.

44

Si la historia
no se instalara
en la memoria
mermaría
por ignara
la presencia
de la historia.

Si el hombre
sembrara
la sombra
en contra
de la lumbre,
se asombraran
la lumbre
y la sombra
de la siembra
del hombre.

Alumbra
el farol
al árbol
con su lumbre
de arrebol:
tiembla
un trébol
a la lumbre
con que alumbra
libre
al árbol
el farol.

Fluye
y rueda
rauda
en incesante
procesión
por las arterias
el aluvión
de la sangre
rumbo
al corazón.

Roturada
está la tierra:
bajo el aire
brilla el surco
en espera
temblorosa
de la siembra.

Empezar
a pensar
en pensar
empezar
es pasar
de pensar
a empezar.

El príncipe
principal
va al principio
y al final.

htutx

+SP
E
CHERI

CHERICIAN, DAVID
TRABALENGUAS

htutx

+SP
E
CHERI

Houston Public Library
TUT CIRCULATING JUVENILE

11/02

725